Thomas Müller

Schneehuhn, Reh und Haselmaus

Tiere im Winter

GERSTENBERG

Inhalt

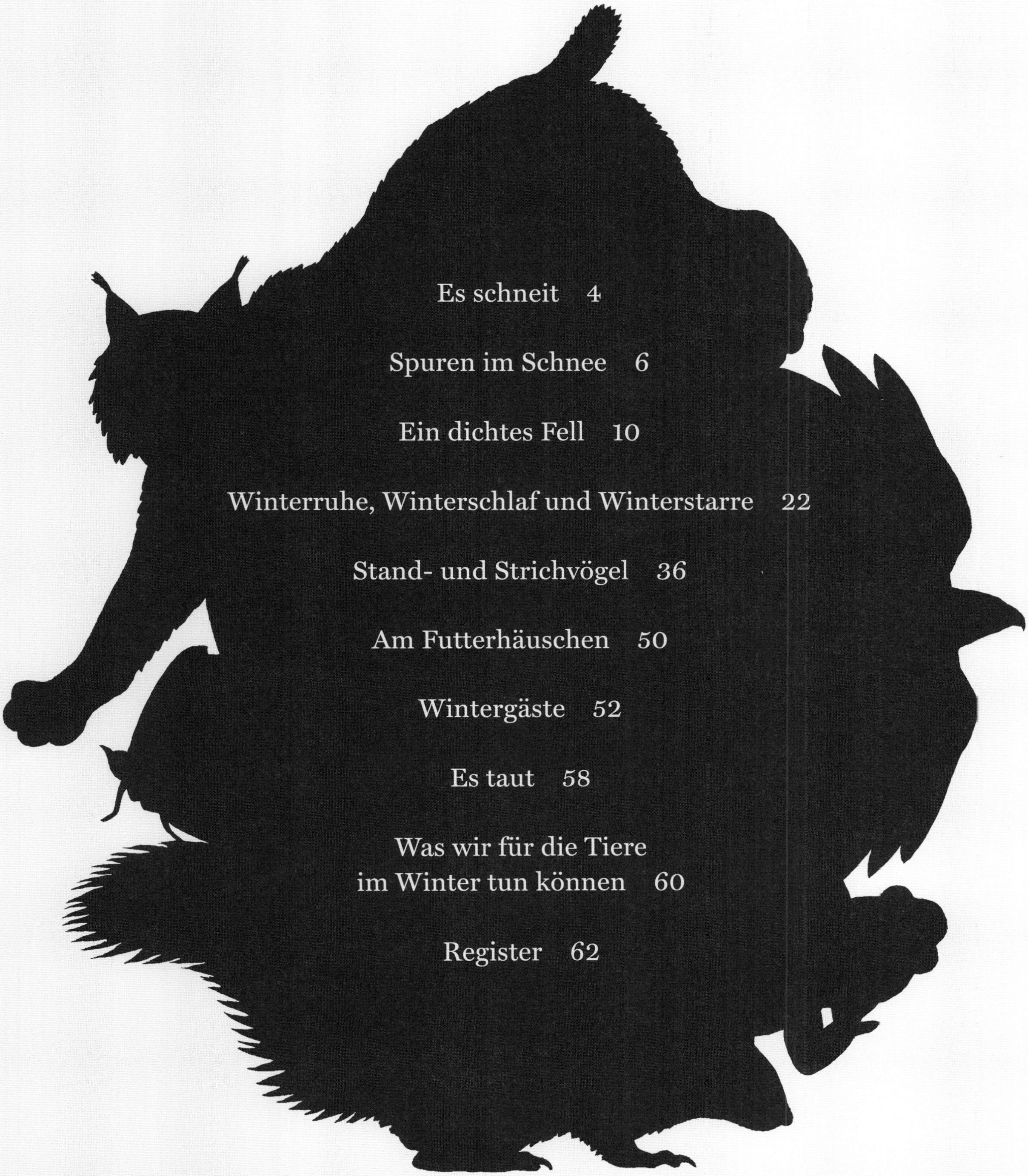

Es schneit 4

Spuren im Schnee 6

Ein dichtes Fell 10

Winterruhe, Winterschlaf und Winterstarre 22

Stand- und Strichvögel 36

Am Futterhäuschen 50

Wintergäste 52

Es taut 58

Was wir für die Tiere
im Winter tun können 60

Register 62

Es schneit

Ende November sinken die Temperaturen bis zum Gefrierpunkt. Der beginnende Winter bringt Kälte und Schnee. Wir Menschen stellen in unseren Häusern die Heizungen an und machen es uns gemütlich.
Doch für Tiere beginnt nun eine schwierige Zeit. Nicht nur die Kälte, vor allem der Nahrungsmangel setzt ihnen zu.
Schon vor Wochen haben sich die Zugvögel auf ihren langen Weg in den Süden gemacht.
Die Bäume und Sträucher sind kahl geworden. Alles Leben scheint wie erstarrt. Die Natur kommt zur Ruhe.

Die Tiere haben ganz unterschiedliche Strategien entwickelt, um in Schnee und Kälte zu überleben, und sie sind für die Herausforderungen des Winters gut gerüstet. Sobald die Temperaturen zu sinken beginnen, stellen sie sich auf vielfältige und zum Teil überraschende Art und Weise auf die veränderten Lebensbedingungen ein. Mit diesem Buch begeben wir uns auf Spurensuche in Wald und Feld, an Flüssen und Seen und auch im Garten.

Immer dichter fällt der Schnee. In kurzer Zeit ist die ganze Landschaft wie mit einem weißen Tuch bedeckt. Alles scheint reglos, und weit und breit ist kein Lebewesen zu sehen.

Spuren im Schnee

Im frischen Schnee werden Spuren sichtbar, die man sonst leicht übersieht.
Wessen Spuren sind das wohl?

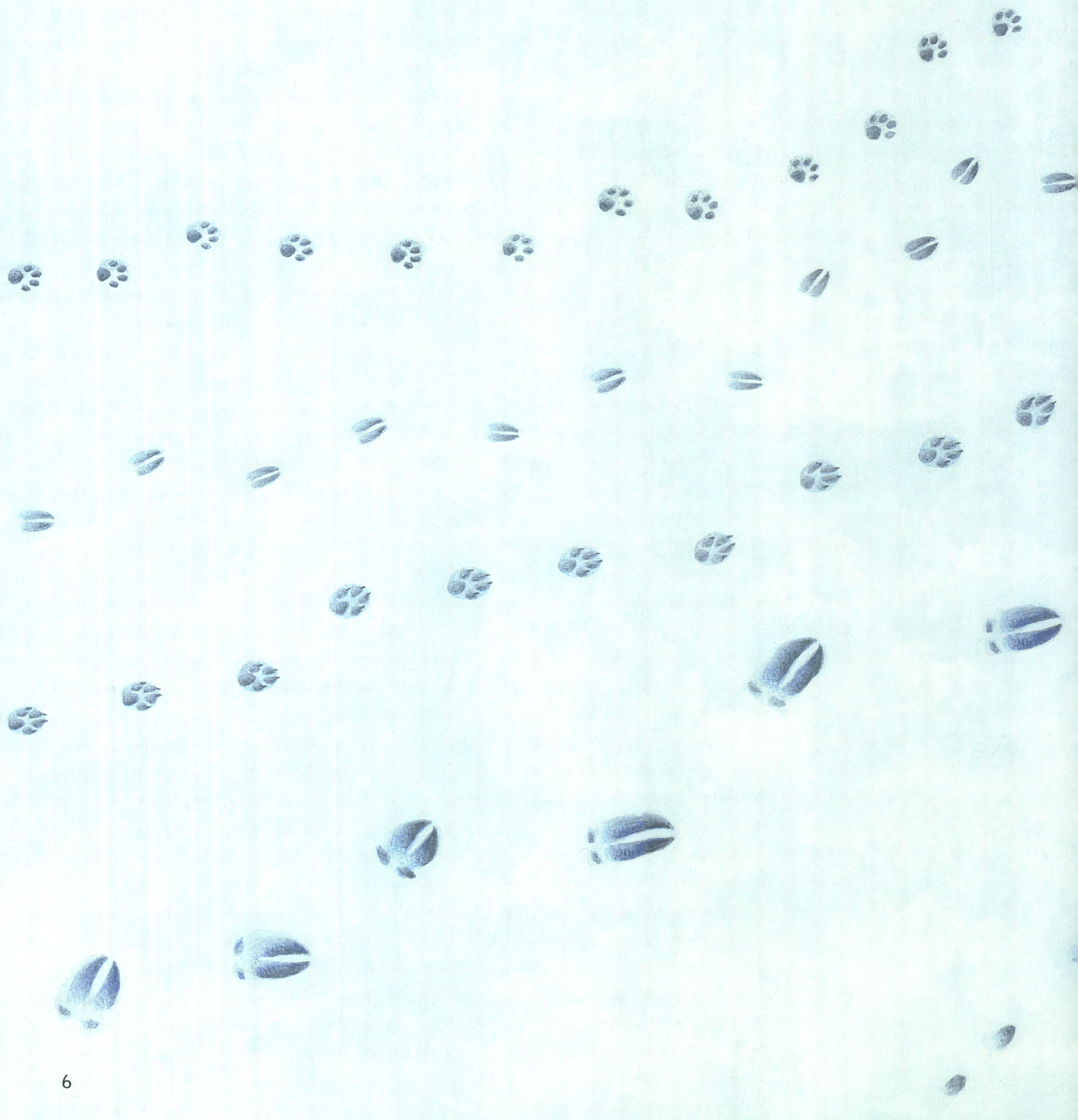

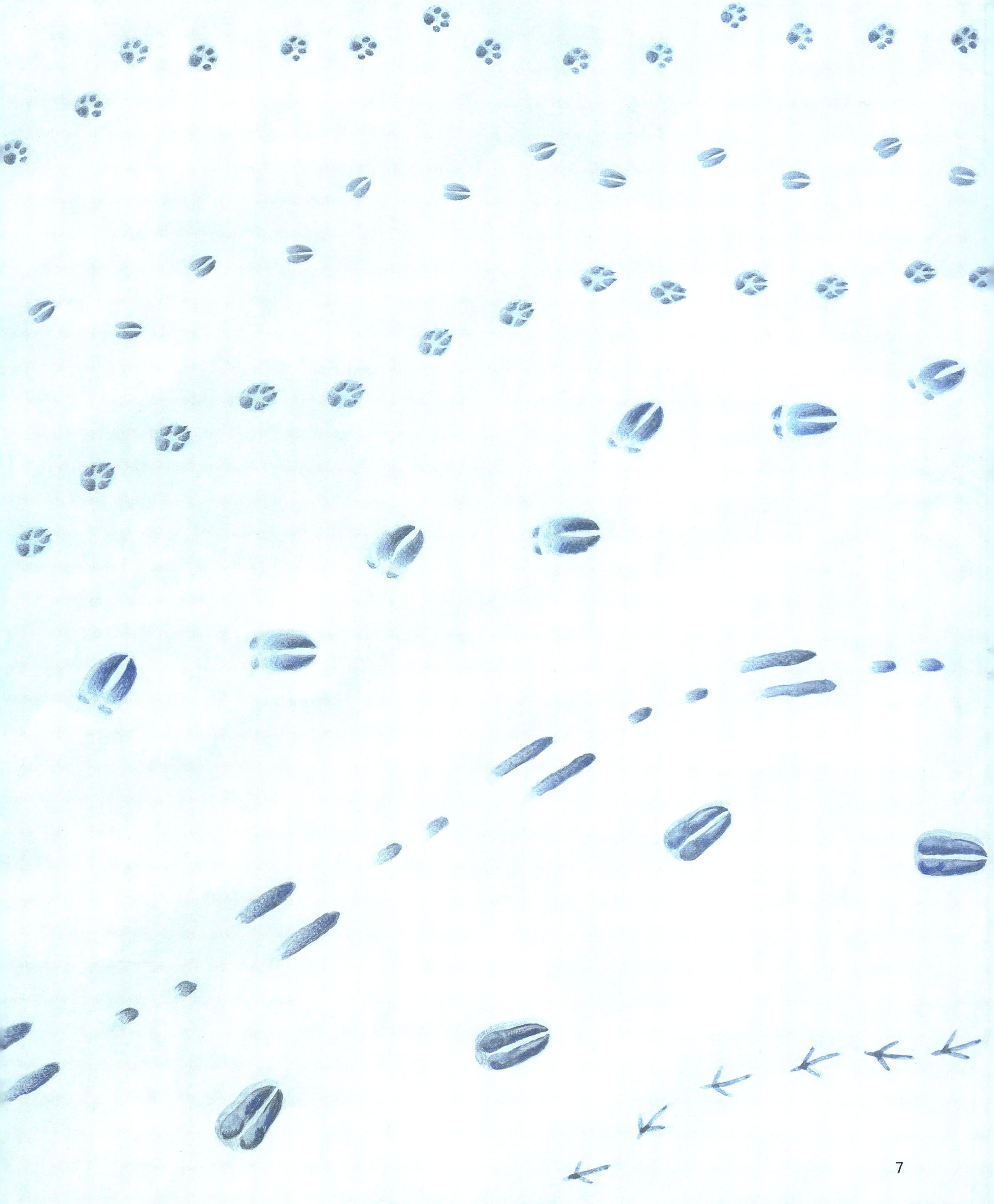

Reh
Wildschwein
Fasan
Rebhuhn

Mit ein wenig Übung kann man die Tiere an ihren Spuren erkennen.

Ein dichtes Fell

Das Reh

Säugetiere brauchen ebenso wie Vögel eine gleichbleibende Körpertemperatur, um alle Lebensfunktionen aufrechterhalten zu können. Deshalb muss in der kalten Jahreszeit der Wärmeverlust möglichst gering gehalten werden. Die meisten Säugetiere wechseln zweimal im Jahr ihr Fell. Im Sommer ist es dünn und kurz. Im Winter ist das Oberhaar länger und die Unterwolle dichter. Das Winterhaarkleid gibt dem Tier oft eine andere Farbe und manchmal auch eine andere Gestalt. Bei Rehen wird dieser Unterschied sehr deutlich!
Das dichte, wollige Unterhaar verhindert, dass Kälte und Nässe bis auf die Haut vordringen. Zudem speichert es Luft, die den Körper wie ein wärmendes Polster umgibt. Außerdem haben sich die Tiere im Herbst eine Fettschicht angefressen, die sie zusätzlich vor der Kälte schützt.

Die Gämse

Die im Hochgebirge lebenden Gämsen steigen im Winter in tiefer gelegene Regionen der Berge hinab. Dort ist es in dieser Zeit etwas leichter, Nahrung zu finden. Das sind Gräser und Moose, die sie unter dem Schnee freischarren, oder auch Triebe von Bäumen. Ihr dunkles, dichtes Winterfell, das sich wie bei den Rehen farblich stark vom Sommerfell unterscheidet, schützt die Gämse vor der Kälte und den eisigen Winden. Dennoch kann in harten Wintern mit viel Schnee die Nahrung so knapp werden, dass viele Tiere nicht überleben.

Der Rothirsch

Oberstes Gebot im Winter ist Energiesparen. Obwohl Säugetiere eine gleichbleibende Körpertemperatur brauchen, kann der Rothirsch bei eisigen Temperaturen auf einen Energiesparmodus umstellen. Das nennt man partielle – also teilweise – Winterruhe: Der Rothirsch verlangsamt seinen Stoffwechsel für mehrere Stunden täglich. Statt 60- bis 70-mal in der Minute schlägt das Herz des Tieres nur noch 40-mal. Der Atem geht flacher, die Körpertemperatur sinkt. Durch Störungen allerdings wird die Ruhephase jäh beendet. Die Tiere fahren ihren Kreislauf hoch, fliehen und verbrauchen dabei viel Energie.

Wenn Tiere im Winter zu oft beunruhigt werden, können sie durch den anhaltenden Energieverlust in lebensbedrohliche Situationen geraten. Deshalb ist es wichtig, dass wir auf Winterspaziergängen den Tieren nicht zu nahe kommen.
Im späten Winter verlieren die männlichen Hirsche ihre Geweihstangen, die jedoch sofort wieder nachwachsen. Dafür brauchen die Tiere ausreichend Nahrung und Energie, denn in etwa hundert Tagen ist das neue Geweih bereits voll ausgebildet.

Die zunehmende Ausbreitung der Wohn- und Industriegebiete von uns Menschen drängt auch große Tiere wie den Hirsch in immer kleinere Waldstücke zurück. Bei Nahrungsmangel beginnen Hirsche, junge Bäume zu schälen und Knospen zu fressen. Das kann dazu führen, dass bestimmte Baumarten eines Waldes stark geschädigt werden und zu wenig junge Bäume nachwachsen und Baumarten wie Esche und Feldahorn in diesen Waldstücken ganz verschwinden. Der Ehrgeiz von Jagdpächtern, möglichst viele starke Hirsche im Revier zu haben, kann daher großen Schaden im Wald anrichten.

Baummarder im Sommer

Der Baummarder

Der Baummarder trägt im Winter einen Pelz, der durch das dichte hellbraune Unterhaar heller als sein Sommerfell wirkt. Auf der Suche nach Nahrung – Mäuse, Eichhörnchen und Vögel – streift der Marder nachts durch den Winterwald. Am Tag ruht er in Baumhöhlen, alten Vogelnestern oder Eichhörnchenkobeln. Die Fußsohlen des Baummarders sind stärker behaart als die des Steinmarders, wodurch seine Spuren im Schnee leicht verwischt wirken.

Baummarder

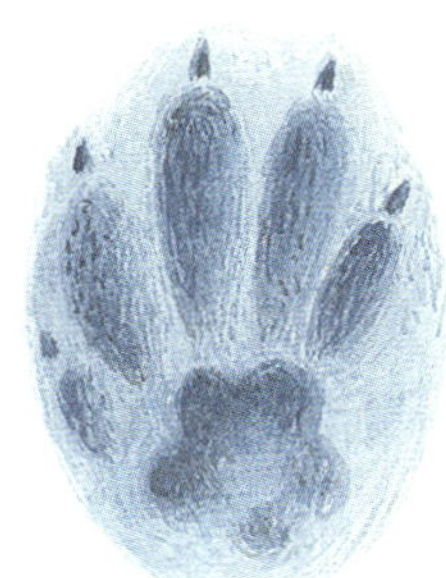

Steinmarder

Der Luchs

Der seltene Luchs lebt verborgen in größeren Wäldern. Er trägt ein schönes dichtes Winterfell. Das ist ihm früher oft zum Verhängnis geworden, denn er wurde gejagt, um aus seinem Fell Mäntel und allerlei Pelzwerk zu machen. Heute ist der Luchs streng geschützt. Diese schöne große Wildkatze leidet im Winter keinen Hunger. Im Überraschungsangriff erbeutet sie vor allem durch Kälte und Nahrungsmangel geschwächtes Wild, hauptsächlich Rehe. Von einem gerissenen Reh kann der Luchs etwa eine Woche leben.

Den Fußabdruck des Luchses entdeckt man nur selten.

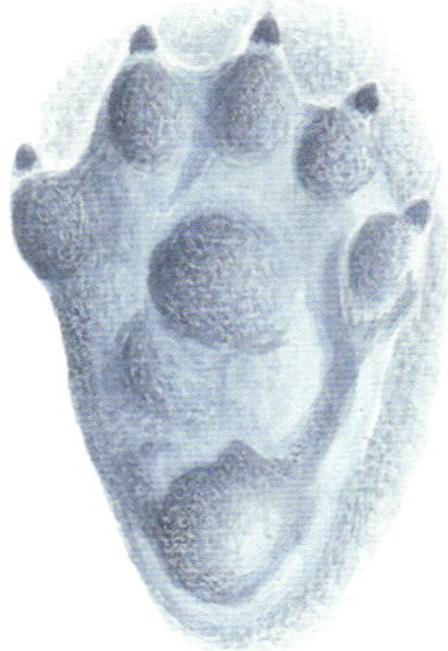

Der Fischotter

Der Fischotter bildet kein Winterfell. Als ein Tier, das sich sehr viel im Wasser aufhält, hat er ein ungemein dichtes wärmendes Fell, dessen Haare unabhängig von der Jahreszeit ständig erneuert werden. Wie im Sommer ist der Fischotter auch im Winter bei Schnee und Eis auf Jagd, vor allem nach Fischen. An seinem Trittsiegel im Schnee kann man die Schwimmhäute gut erkennen.

Der Seehund

Auch Seehunde, die einen großen Teil ihres Lebens im Wasser verbringen, haben ein dichtes Fell. Sie wechseln es nur einmal im Jahr. Das geschieht, wenn sie ihre Jungen säugen und sich dazu an Land oder auf dem Eis aufhalten. Schutz vor der Kälte bietet vor allem ihre wärmende Speckschicht.

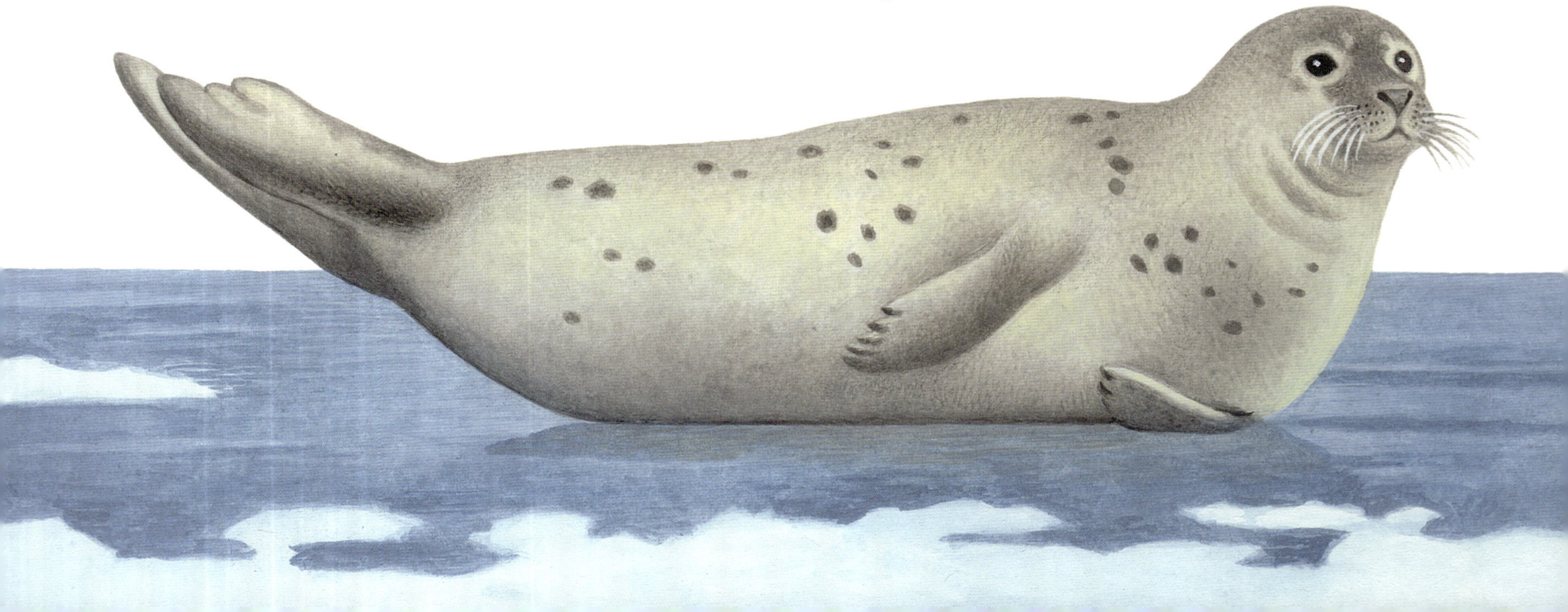

Der Schneehase

Sehr augenfällig ist der Fellwechsel beim Schneehasen. Im Sommer trägt er ein graubraunes, im Winter ein rein weißes Fell. Das dichtere Winterfell ist nicht nur ein Schutz gegen die Kälte, sondern auch Tarnung vor Feinden wie Steinadler und Luchs. Die Ohren des Schneehasen sind deutlich kleiner als die des Feldhasen – vermutlich um den Wärmeverlust zu begrenzen. Die breiten, dicht behaarten Füße verhindern, dass der Hase im weichen Schnee zu sehr einsinkt. Der in Nadelwaldregionen der Alpen lebende Schneehase ist vor allem in der Dämmerung und nachts aktiv. Er frisst Knospen, Flechten, Moose und Rinde.

Der Feldhase

Ein dichtes Winterfell schützt den Feldhasen vor der Kälte. Auch er macht sich vor allem in der Dämmerung und nachts auf die Suche nach Nahrung. Da es im Winter kaum Kräuter und Gräser gibt, knabbert er in dieser Zeit hauptsächlich an der Rinde von Bäumen und Sträuchern. Tagsüber ruhen die Hasen in sogenannten Sassen, flachen Mulden im Boden.

Der Fuchs

Geschützt durch seinen dichten Winterpelz, ist der Fuchs unermüdlich auf der Jagd nach Mäusen. Die sind im Winter schwerer zu fangen. Sie verraten sich hin und wieder durch kleinste Geräusche.

Mit seinem charakteristischen Mäuselsprung landet der Fuchs genau auf dem kleinen Nagetier, das er durch sein feines Gehör im tiefen Schnee aufgespürt hat.

Das Hermelin

Auch das Hermelin ist ein sehr auffälliges Beispiel für den Fellwechsel. Im Sommer ist es braun, im Winter vollständig weiß, abgesehen von seiner stets schwarzen Schwanzspitze. Durch seine weiße Farbe ist es im Schnee praktisch nicht zu entdecken. An Wintertagen ohne Schnee allerdings umso leichter!

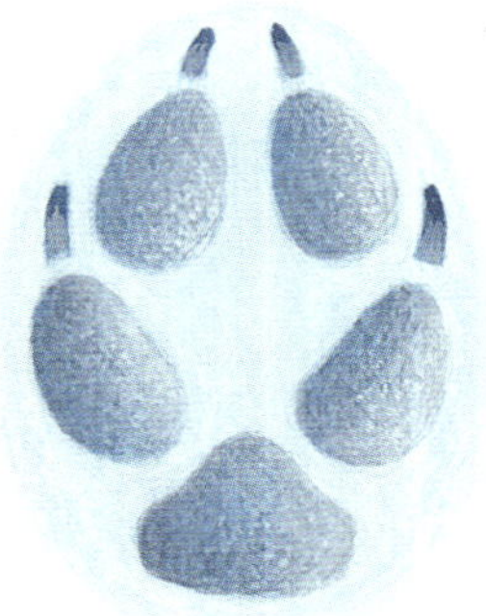

Wolf

Hund

Der Wolf

Nachdem er lange Zeit verfolgt wurde und deshalb fast ausgerottet worden war, gehört der Wolf nun wieder zu den Bewohnern einiger unserer Landstriche. Heute ist dieses eindrucksvolle Tier streng geschützt. Trotz der unheimlichen Geschichten, die über ihn erzählt werden, lebt er in Wahrheit sehr zurückgezogen und geht dem Menschen möglichst aus dem Weg. Wölfe jagen meist im Rudel und hauptsächlich nachts. Dabei legen sie lange Strecken zurück. Das typische, etwas unheimlich klingende Heulen der Tiere dient dazu, in der Dunkelheit oder über größere Distanzen untereinander Kontakt zu halten.

Zur Beute der Wölfe gehören von der Maus bis zum Hirsch alle Tiere, die sie überwältigen können, darunter manchmal auch Schafe. Dieser Umstand führt dazu, dass manche die Rückkehr des Wolfs auch kritisch sehen.
Die Fortpflanzungszeit des Wolfs fällt in den Winter. Herangewachsene Nachwuchstiere wandern ab und gründen ein eigenes Rudel. Manchmal schließen sich alte und neue Rudel zusammen, um gemeinsam den Jagderfolg zu erhöhen.
Mit seinem dichten Winterpelz ist der Wolf vor Wind und Kälte geschützt. Wer Glück hat, kann vielleicht einmal seinen Fußabdruck, der auf den ersten Blick dem eines Hundes ähnelt, im Schnee entdecken.

Winterruhe, Winterschlaf und Winterstarre

Tiere, die Winterruhe halten, senken die Frequenz des Herzschlags merklich ab, die Körpertemperatur aber bleibt weitgehend gleich. Die Tiere befinden sich im Zustand eines leichten Schlafes. Sie wachen immer wieder auf, um nach Nahrung zu suchen oder von ihren Vorräten zu fressen. Beim Winterschlaf dagegen verfallen die Tiere in einen Tiefschlaf. Ihr Herz schlägt sehr viel langsamer und auch ihre Körpertemperatur geht stark zurück. Der Energiebedarf ist sozusagen auf Sparflamme gestellt. Jede Störung kann lebensbedrohlich sein: Wenn die Tiere aufwachen, verlieren sie viel Energie, die ihnen für die restliche Winterzeit fehlt.

Das Eichhörnchen

Das Eichhörnchen macht keinen Winterschlaf, zieht sich aber in strengen Wintern für Tage in sein Nest zurück. Dieses Nest, auch Kobel genannt, befindet sich meistens in großer Höhe in der Astgabel eines Baumes. Immer wieder suchen Eichhörnchen Plätze auf, an denen sie im Herbst Vorräte versteckt haben – Eicheln, Nüsse und Baumzapfen. Daneben fressen sie im Winter auch Knospen, Rinde und Insektenlarven. Eichhörnchen merken sich ihre Vorratsstellen und finden sie dank ihres guten Geruchssinns wieder. Aber nicht alle! So kommt es, dass im Frühling manchmal an unerwarteten Stellen neue Bäume wachsen.

Schläfer

Bilche, auch Schläfer genannt, sind kleine Nagetiere, die einen echten Winterschlaf halten. Es gibt vier Arten. Am bekanntesten ist der Siebenschläfer, der, wie der Name schon sagt, über sieben Monate verschläft. In einer frostsicheren, ausgepolsterten Erdhöhle zehrt er nur von seinen angefressenen Fettreserven. Seine Körpertemperatur fällt bis auf fünf Grad Celsius und sein Herzschlag sinkt von 30 auf fünf Schläge pro Minute.
Die Haselmaus, der kleinste Bilch, hält oft gemeinsam mit anderen Artgenossen Winterschlaf. Eine dichte Schneedecke wirkt dabei wie eine Isolationsschicht gegen die Kälte.

Haselmaus

Gartenschläfer

Siebenschläfer

Baumschläfer

Der Gartenschläfer kommt in lichten Laubwäldern, an Waldrändern, in Obstgärten und Weinbergen vor. Er ernährt sich nicht nur von pflanzlicher Kost, sondern auch von Insekten, Schnecken, Jungvögeln und Waldmäusen und überwintert in Baumhöhlen, Gebäuden und Erdhöhlen. Sein Winterschlaf dauert von Oktober bis April. Wie alle Bilche zehrt auch er in dieser Zeit nur von seinen Fettreserven und hat bis zum Frühjahr ein Drittel seines Gewichts verloren.

Der Feldhamster

Mindestens zwei Kilo Nahrung braucht ein Feldhamster, um den Winter zu überleben. In seinem selbst gegrabenen Bau, der bis zu zwei Meter in die Tiefe reicht, sammelt er in Vorratskammern Körner, Rüben, Kartoffeln und Hülsenfrüchte. Der Hamster hält Winterruhe. Etwa alle sechs Tage frisst er von seinen Vorräten, setzt Kot ab und schläft dann weiter.

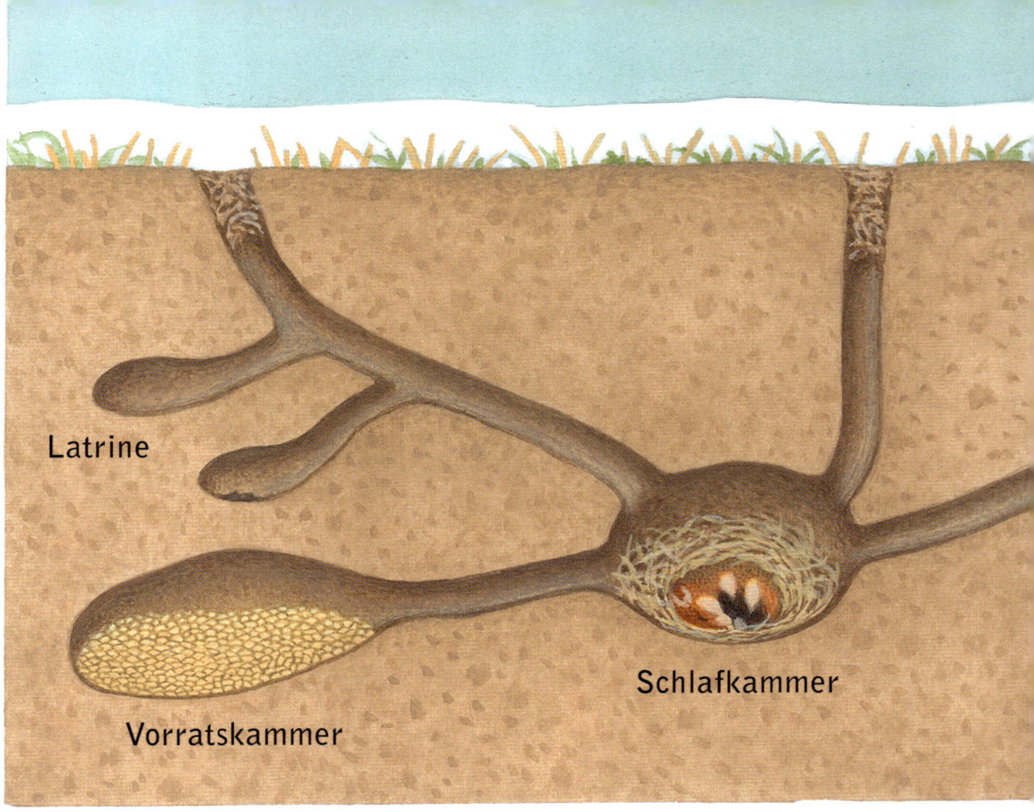

Der Dachs

Dachse legen weit verzweigte Erdbaue an. Mit seinen kräftigen Vorderpfoten und den langen Krallen gräbt der Dachs unermüdlich an seiner Burg, die ihm als nachtaktivem Tier auch an langen Sommertagen Schutz und Zuflucht ist. Die Baue werden oft zu großen Labyrinthen erweitert, bei denen die Röhren in mehreren Stockwerken übereinanderliegen können und im Laufe der Zeit von vielen Generationen bewohnt werden. Die Schlafkammer liegt in etwa fünf Metern Tiefe.
Dachse halten eine Winterruhe, deren Dauer je nach Witterung stark schwanken kann. Als nachtaktive Allesfresser finden die Tiere auch im Winter ausreichend Nahrung.

Das Alpenmurmeltier

Das Alpenmurmeltier lebt in den Bergen, wo ein raues Klima herrscht. Es hält bis zu sieben Monate – von Oktober bis März – in selbst gegrabenen Bauen Winterschlaf. Dabei zehrt es ausschließlich von den Fettvorräten, die es sich im Sommer und Herbst auf den Bergwiesen angefressen hat. Es verliert dabei ein Drittel seines Körpergewichts.

Murmeltiere leben in Kolonien und halten auch gemeinsam Winterschlaf. Vor dessen Beginn verschließen sie die Zugänge zum Bau mit Gras, Erde und Steinen. Die Chance, den langen, kalten Winter zusammengekuschelt zu überleben, ist größer, als es im „Einzelzimmer" der Fall wäre. Die Atmung verlangsamt sich auf zwei Züge pro Minute. Nur wenige Male erwachen die Tiere, um Kot und Urin abzusetzen.

Der Braunbär

Der dämmerungs- und nachtaktive Braunbär lebt in den großen Waldgebieten Ost- und Südeuropas. Kaum jemand wird dieses mächtige Tier je in freier Natur zu sehen bekommen.
Bären fressen vorwiegend Pflanzen – Beeren, Eicheln, Kastanien, Bucheckern –, doch sie können auch Schafe, Ziegen und selbst Rinder überwältigen. Deshalb gibt es in Regionen, in denen Bären vorkommen, oft Konflikte mit Hirten und Dorfbewohnern.
Im Herbst frisst sich der Bär eine dicke Speckschicht an, von der er den ganzen Winter zehrt. Seine Winterruhe hält er in mit Gras und Moos ausgepolsterten Lagern in Felsspalten, Höhlen, selbstgegrabenen Bauen oder unter Felsvorsprüngen. Normalerweise werden bei langer Bewegungslosigkeit Muskeln abgebaut. Bären jedoch haben einen speziellen Stoff im Blut, der diesen Abbau hemmt. Deshalb verfügen sie beim Aufwachen zwar über etwas weniger Muskelkraft, sind aber fast genauso stark und schnell wie vor der Winterruhe: Ein Braunbär kann Geschwindigkeiten von bis zu 50 Kilometern pro Stunde erreichen!

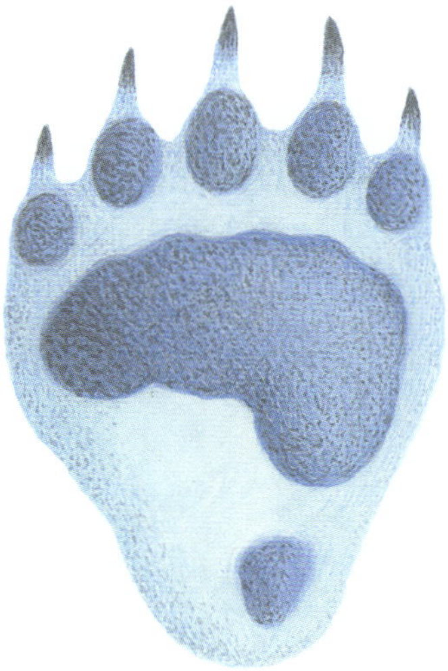

Vorderpfote

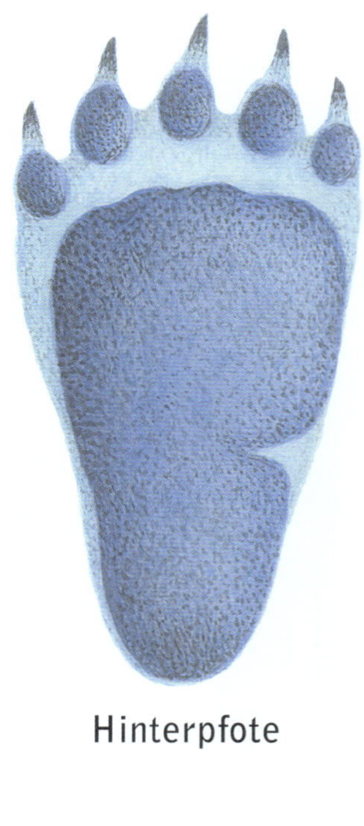

Hinterpfote

Während der Winterruhe kommen auch die jungen Bären zur Welt. Meist sind es zwei oder drei. Sie sind nur so groß wie Ratten und nackt, taub und blind. Nach zwei Wochen öffnen sie die Ohren, nach vier bis fünf Wochen die Augen. Die jungen Bären leben vier Monate ausschließlich von Muttermilch. Das kostet die Bärin so viel Energie, dass sie am Ende der Winterruhe bis zu 40 Prozent ihres Gewichts verloren hat.
Im Frühjahr verlässt die Bärin mit ihren Jungen das Winterquartier. Sie ist auch weiterhin eine ausgesprochen fürsorgliche Mutter. Erst mit etwa zweieinhalb Jahren gehen die jungen Bären eigene Wege.

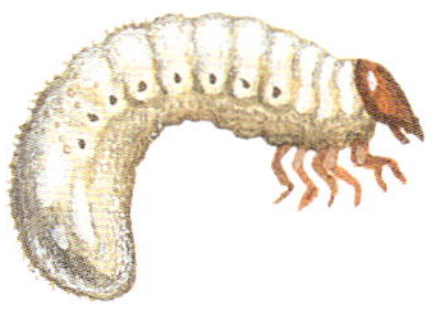

Der Igel

Anfang Oktober suchen sich Igel mit gut angefressenem Fettpolster einen passenden Ort, um dort für fünf bis sechs Monate Winterschlaf zu halten. Das können Laub- und Reisighaufen oder andere „unaufgeräumte“ Stellen im Garten sein. Auch der Igel senkt alle seine Lebensfunktionen. Die Körperwärme sinkt auf den Wert der Umgebungstemperatur, der Herzschlag vermindert sich von 200- auf zwei- bis zwölfmal pro Minute. Die Atemfrequenz sinkt von 50 auf 13 Atemzüge pro Minute. Fällt die Außentemperatur unter fünf Grad Celsius, beginnt der Igel Wärme zu produzieren, um nicht zu erfrieren. Ein spezielles Fettgewebe im Nacken- und Schulterbereich liefert Energie. Bei seinem Winterschlaf verliert der Igel etwa 30 Prozent seines Körpergewichts.

Fledermäuse

Fledermäuse verfallen bei sinkenden Temperaturen in einen trägen Zustand, in dem Herzschlag, Atmung und alle anderen Lebensfunktionen auf Sparflamme gestellt sind. Meistens überwintern sie in ganzen Kolonien dicht aneinandergedrängt, um sich gegenseitig zu wärmen. Ihre bevorzugten Winterquartiere sind Baumhöhlen, Dachböden und Fledermauskästen, vor allem aber alte Schächte und Steinhöhlen. Hauptsache, die Luftfeuchtigkeit ist hoch genug, dass die Tiere nicht austrocknen.

Insekten

Die meisten Insekten sterben im Herbst. Einige Schmetterlinge, Käfer, Hummeln und Bienen überwintern jedoch. Marienkäfer bilden im Winter große Gemeinschaften. Durch eine Art „Frostschutzmittel" im Blut sind sie vor dem Erfrieren geschützt.

Bienen

Bis auf ihre Königin sterben Wildbienen im Winter. Honigbienen dagegen bilden in ihrem Stock eine sogenannte Wintertraube und vibrieren mit ihren Flügeln, um Wärme zu erzeugen. Auch bei größter Kälte herrscht so im Bienenstock eine Temperatur von 20 Grad. Die Winternahrung der Bienen ist der Honig, den sie im Sommer gesammelt haben (oder aber das vom Imker bereitgestellte Zuckerwasser). Um den Bienenstock nicht zu verschmutzen, sammeln die Bienen ihren Kot in einer speziellen Kotblase, die sie bei wärmeren Temperaturen draußen entleeren.

Der Maulwurf

Auch unter der Erdoberfläche ist das Leben nicht erstorben. Maulwürfe halten keine Winterruhe, ziehen sich jedoch in tiefere, frostfreie Gänge ihres Baus zurück. Sie haben ein dichtes, kurzes Fell, das keine Strichrichtung hat. Deshalb kann sich der Maulwurf im engen Gang leicht sowohl vorwärts als auch rückwärts bewegen. Maulwürfe sind immerzu auf der Suche nach Fressbarem wie Insektenlarven und Käfern. Ein Maulwurf braucht nahezu die Hälfte seines Gewichts pro Tag an Nahrung. Für den Winter lagern sie ihre Lieblingsspeise, Regenwürmer, auch in Vorratskammern ein. Sie beißen den Würmern das Kopfende ab, sodass sie zwar noch leben, aber völlig gelähmt sind.

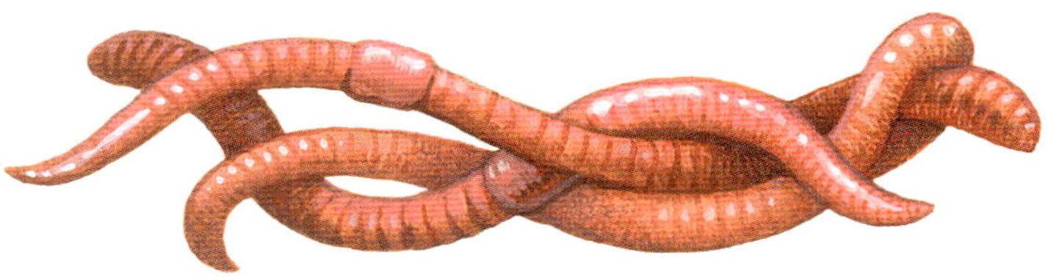

Eier, Larven und Puppen

Zwar sterben im Herbst die meisten Insekten, doch überwintern ihre verschiedenen Entwicklungsstadien – Eier, Larven oder Puppen – an Pflanzen, unter der Rinde von Bäumen oder in der Erde. Ein selbst produziertes „Frostschutzmittel“ schützt sie vor dem Erfrieren. Allerdings sind sie auch im Winter nicht sicher. Hungrige Mäuse, Maulwürfe und Wildschweine sind ständig auf Nahrungssuche.
Milde Winter sind für Insekten eher ungünstig. Bei höheren Temperaturen breiten sich nämlich Schimmelpilze aus, die Puppen, Larven und Eier überwuchern und zersetzen können.

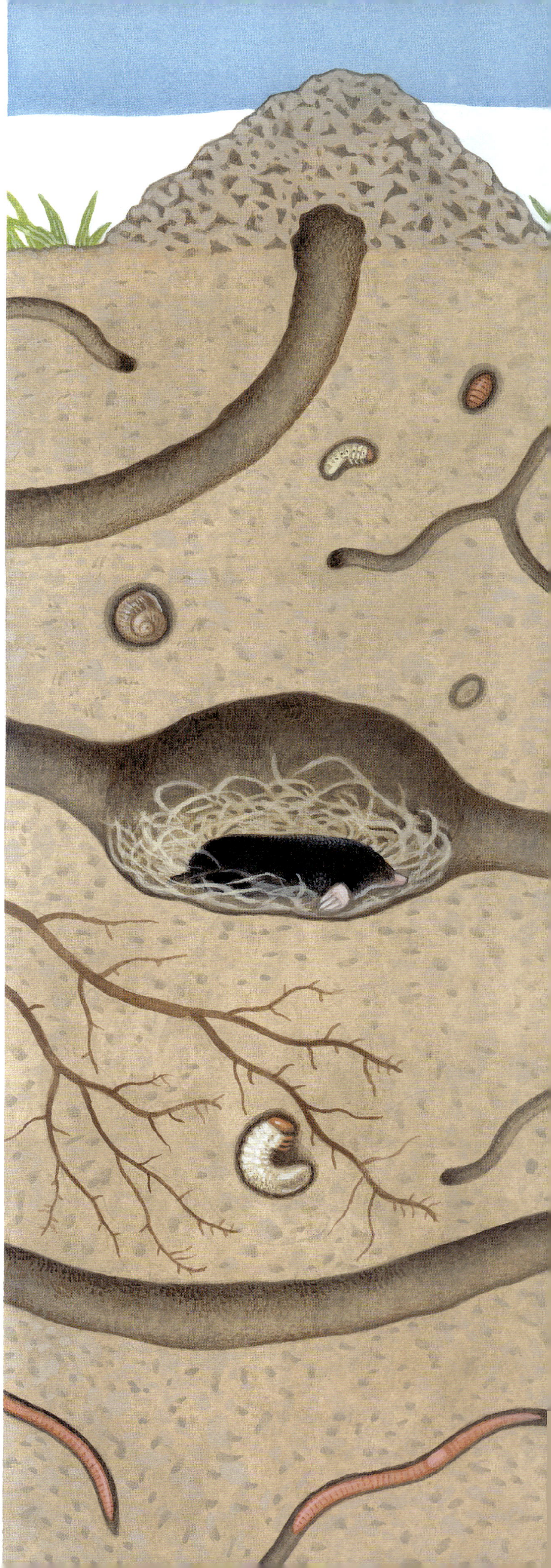

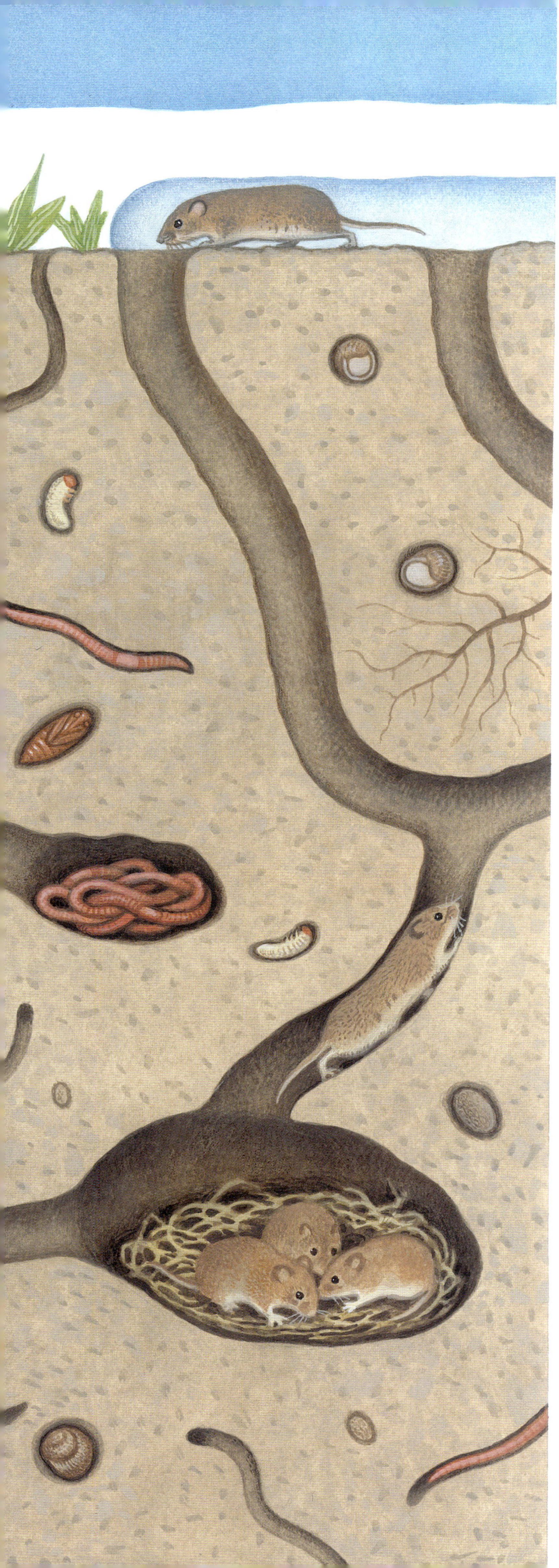

Die Feldmaus

Feldmäuse halten keine Winterruhe. Sie leben in weit verzweigten Höhlensystemen mit Vorratskammern und Nestern. Bei gutem Wetter und reichlich Nahrung können sich Feldmäuse enorm vermehren. Im Winter haben Mäuse einen hohen Energiebedarf. Sie suchen in ihren Erdgängen und Tunneln unter dem Schnee nach Nahrung. Sie selbst wiederum sind im Winter wichtige Beute von Eulen, Greifvögeln, Füchsen und auch Wölfen.

Schnecken

Wenn die Temperaturen sinken, suchen sich die zu den Weichtieren gehörenden Schnecken einen sicheren Platz in der Erde. Die Weinbergschnecke scheidet alles überflüssige Wasser aus. Je weniger Wasser sich in den Körperzellen befindet, desto schwerer bilden sich Eiskristalle, die das Gewebe beschädigen. Außerdem kann auch die Schnecke eine Art Frostschutzmittel bilden. Mit einem Kalkdeckel verschließt sie die Öffnung ihrer Schale. Ihren Herzschlag reduziert sie von 36- auf drei- bis viermal pro Minute, und ihr Sauerstoffverbrauch sinkt auf zwei Prozent ihres normalen Verbrauchs.

junge Ringelnatter

Reptilien

Reptilien wie Schlangen und Eidechsen gehören zu den wechselwarmen Tieren, das heißt, sie können ihre Körpertemperatur nicht selbst regulieren, wie dies gleich warme Säugetiere und Vögel tun. Bei Wärme steigt die Körpertemperatur wechselwarmer Tiere und damit ihre Aktivität. Ist es kalt, verlangsamen sich ihre Körperfunktionen. Im Winter fallen sie in eine Kälte- oder Winterstarre. Da sie frostempfindlich sind, müssen sie sich vor zu großer Kälte in Sicherheit bringen. Eidechsen überwintern in Erdlöchern, unter Holzstapeln, in Stein-, Laub- und Komposthaufen.

Kreuzotter

Im Herbst suchen Reptilien ihre Winterquartiere in einer Tiefe von bis zu zwei Metern auf. Sie werden nicht völlig starr, sind aber nahezu bewegungsunfähig und nehmen keine Nahrung mehr auf.

Viele Tiere überwintern in Gemeinschaft. Man hat schon Gruppen von Eidechsen, Blindschleichen, Kreuzottern, Schlingnattern, Feuersalamandern und Kröten zusammen gefunden, die bis zu mehrere Hundert Tiere umfassten! Vermutlich finden sie sich ganz zufällig in einem passenden Unterschlupf zusammen.

Der Feuersalamander

Der Feuersalamander gehört zu den wechselwarmen Lurchen. Er ist vor allem in den Mittelgebirgen beheimatet und überwintert oft in natürlichen Höhlen oder künstlichen Stollen – oft viele Tiere gemeinsam. Dort herrscht eine ideale Temperatur von etwa acht Grad Celsius. Feuersalamander verkraften aber auch geringe Minusgrade.

Fische

Eine Eisschicht hat den Teich überzogen. Während die Eisfläche null Grad Celsius kalt ist, wird das Wasser Richtung Boden immer „wärmer“. Fische sind wechselwarm. Bei Wassertemperaturen von vier Grad Celsius können sie gut überleben. Allerdings muss das Gewässer mindestens einen Meter tief sein, damit es nicht durchfriert. Anderenfalls würden sich Eiskristalle in den Körpern der Fische bilden und sie müssten erfrieren.

Im Winter bewegen sich die Fische nur langsam, alle Körperfunktionen sind stark herabgesetzt. Sie leben von dem, was sie im Wasser finden, vor allem aber von ihren Fettreserven. Manche Fische, wie etwa Schleien, überwintern im Schlamm. Auch Molche und manche Wasser- und Grasfrösche wühlen sich zum Überwintern gern am Grund des Teiches ein. Während ihrer Winterstarre reicht ihnen der Sauerstoff, den sie durch ihre Haut aufnehmen.

Problematisch wird es, wenn das Gewässer ganz zufriert. Dann gelangt einerseits kein Sauerstoff ins Wasser, andererseits können die Fäulnisgase, die bei den Zersetzungsprozessen von Pflanzenteilen entstehen, nicht abziehen. Dadurch werden die Tiere im Wasser und im Schlamm vergiftet. Im Frühjahr wird man dann die toten Fische und Lurche auf der Oberfläche treiben sehen. Deshalb ist es unbedingt nötig, einen Gartenteich, in dem Fische überwintern sollen, mindestens einen Meter tief anzulegen und einen Teil der Oberfläche eisfrei zu halten.

Stand- und Strichvögel

Anders als Zugvögel, die vor allem aus Nahrungsmangel in den Süden fliegen, finden Standvögel wie der Sperling und der Buntspecht auch im Winter genug zu fressen. Sie bleiben das ganze Jahr über in ihrer Heimat. Strichvögel fliegen nicht in den Süden, unternehmen aber kleine Wanderungen auf der Suche nach Nahrung. Zu ihnen gehören Stieglitz, Goldammer und Zaunkönig. Dabei verhalten sich die einzelnen Vogelarten durchaus verschieden. Während der Zaunkönig im Westen Europas eher Standvogel ist, gilt er im Osten eher als Strichvogel. Darüber hinaus ändert sich das Verhalten der Vögel auch im Laufe der Zeit. Der Star, früher ein ausgesprochener Zugvogel, hat sich im Laufe der Jahre in Mitteleuropa vielerorts zum Standvogel entwickelt. Die Stare aus dem kühleren Osteuropa jedoch ziehen zum Überwintern weiter in den Mittelmeerraum und an die Atlantikküste in Westeuropa.

Haussperling

Star

Goldammer

Zaunkönig

Stieglitz

Das Winterkleid

Als gleichwarme Tiere müssen Vögel ähnlich wie Säugetiere ihre Körpertemperatur von 38 bis 42 Grad Celsius aufrechterhalten, um keinen Schaden zu nehmen. Dafür ist reichlich Nahrung als Energiezufuhr nötig. Eine für Vögel sehr typische Art, sich warm zu halten, ist das Aufplustern des Gefieders. Das Luftpolster in den Federn wärmt so gut, als trügen sie eine Daunenjacke – was sie in gewisser Weise ja tatsächlich tun.

Der Eichelhäher

Der Eichelhäher betreibt eine Art Vorratswirtschaft. Im Winter sucht er nach den Eicheln, die er im Herbst im Boden versteckt hat. Weil er nicht alle wiederfindet, wachsen im Frühjahr neue Eichen.

Der Buntspecht

Im Sommer lebt der Buntspecht hauptsächlich von Insektenlarven, die er im morschen Holz findet. Weil sich diese Larven im Winter aber tief ins Holz zurückziehen und schwer zu erreichen sind, stellt der Specht seinen Speisezettel um. Nun ernährt er sich hauptsächlich von Fichten- und Kiefernsamen, die er in sogenannten Spechtschmieden bearbeitet.

Die Schleiereule

Eine geschlossene Schneedecke macht es für Eulen schwer, an Mäuse, ihre Hauptnahrung, zu kommen. Die Schleiereule kann jedoch anhand kleinster Geräusche eine Maus unter der Schneedecke aufspüren und sie mit ihren Fängen durch den Schnee hindurch ergreifen. Das gelingt aber nur, wenn die Schneedecke nicht zu hoch ist.

Wie alle Eulen verschlingt die Schleiereule ihre Beute vollständig und würgt die unverdaulichen Teile wie Haare und Knochen später als Gewölle aus. Wichtig für Schleiereulen sind Zufluchtsorte wie Scheunen, Kirchen oder leerstehende Gebäude. Dort verraten die Gewölle ihre Anwesenheit.

Gewölle

Der Habicht

Von den Adlern abgesehen, ist der Habicht unser kräftigster Greifvogel. Er leidet im Winter keine Not, kann er doch ohne große Anstrengung von Hunger geschwächte Kleinsäuger und vor allem Vögel erbeuten. In Überraschungsmanövern greift er sich vom Sperling bis zum Fasan und Hasen alles, was er überwältigen kann.

Der Habicht ist ein heimlicher Vogel. Nur selten sieht man ihn frei fliegen. Weil er gelegentlich Hühner und Haustauben schlägt, wurde er früher erbittert verfolgt und in manchen Gegenden fast ausgerottet. Heute ist der schöne Greifvogel zum Glück geschützt und hat sich wieder ausgebreitet. Eigentlich ein ausgesprochener Waldbewohner, brütet er neuerdings sogar in den Parkanlagen mancher Städte.

Im Schnee sieht man hier die Spuren eines dramatischen Geschehens. Ein Greifvogel – womöglich ein Habicht – hat ein kleines Säugetier ergriffen.

Der Mäusebussard

Der Mäusebussard, unser häufigster Greifvogel, sitzt gern auf Warten, hoch gelegenen Plätzen, um mit seinen scharfen Augen Ausschau nach Mäusen zu halten. Die sind – wie sein Name schon sagt – seine Hauptbeute.

Der Turmfalke, leicht an seinem typischen Flugbild zu erkennen, lebt oft mitten in der Stadt.

Der Wanderfalke

Erfreulicherweise hat die Anzahl der Wanderfalken in den letzten Jahren wieder zugenommen. Als Felsenbewohner hat er die Großstadt für sich entdeckt. Dort erbeutet er vor allem Tauben, Krähen und Kleinvögel. Wanderfalken erreichen im Sturzflug Geschwindigkeiten von bis zu 100 Kilometern pro Stunde.

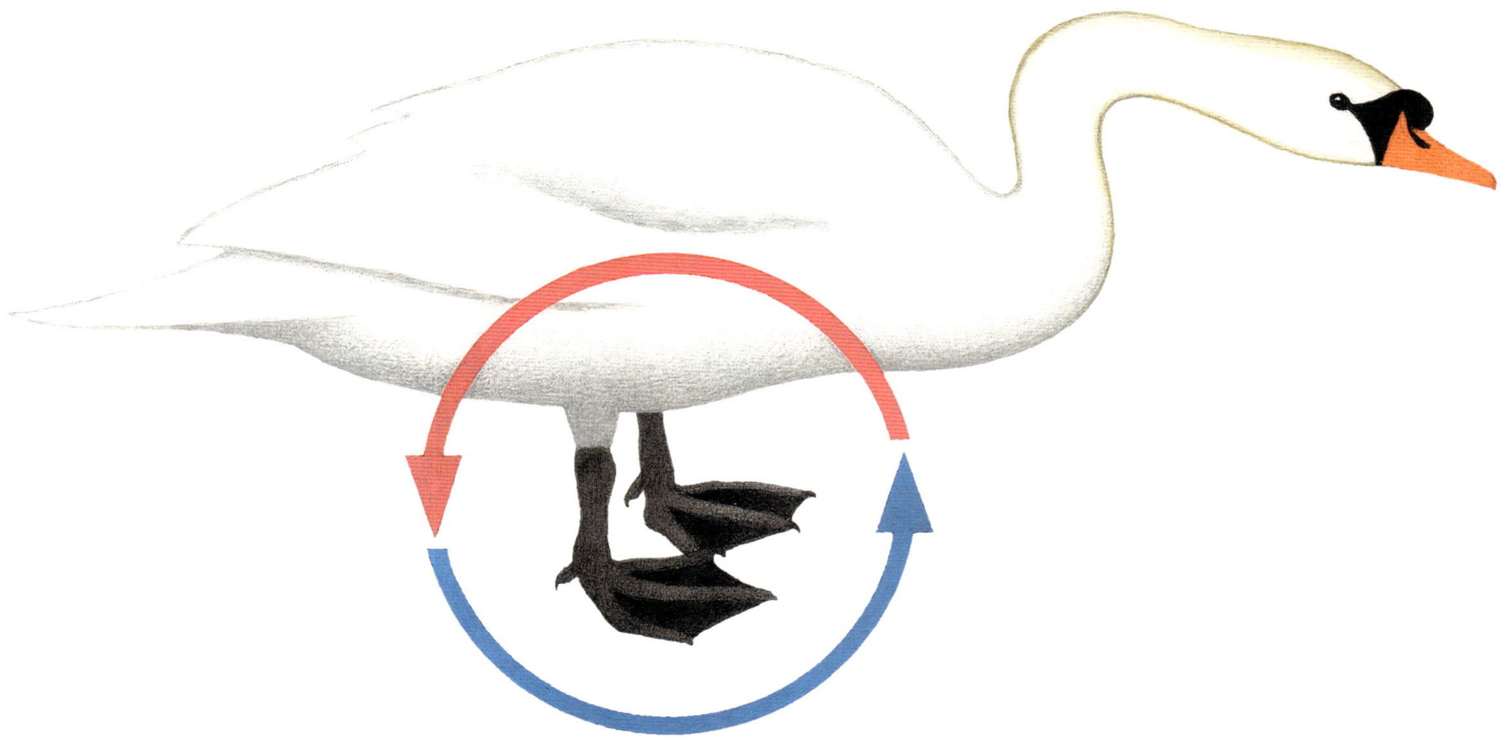

Wasservögel

Vögel haben eine besondere Art, die Temperatur in ihren Füßen zu regeln. Deshalb frieren sie im Winter nicht an ihnen – und auch nicht am Eis fest. Nach dem Prinzip eines Wärmetauschers sorgt ein ausgeklügeltes Gefäßnetz dafür, dass warmes Blut abgekühlt und kühles erwärmt wird. In diesem Gefäßnetz aus Arterien und Venen, die ganz dicht beieinander liegen, erwärmt das Blut aus dem warmen Vogelkörper das kalte Blut aus den Beinen. Das heißt, die Füße der Vögel sind mit kühlem Blut gut durchblutet, und das Blut im Körper bleibt schön warm.
Außerdem ist die Bürzeldrüse bei Wasservögeln besonders stark ausgebildet. Mit dem hier produzierten Sekret fetten die Vögel ihr Gefieder ein und schützen sich so gegen das kalte Wasser.

Stockente

Blässhuhn

Trotz Winterkälte macht es den Vögeln also nichts aus, am und im Wasser nach Nahrung zu suchen. Dabei nimmt der Kormoran eine Sonderstellung ein. Obwohl auch er sein Gefieder einfettet, nehmen seine Federn aufgrund ihrer Beschaffenheit Wasser auf. Deshalb muss der Vogel nach jedem Tauchgang sein Gefieder trocknen. Das tut er in charakteristischer Weise, indem er seine Flügel öffnet und eine Zeit lang nahezu unbeweglich so verharrt.

Teichhuhn

Kormoran

Der Graureiher

Viele Graureiher fliegen nicht mehr in ihr Winterquartier in die Mittelmeerländer, sondern bleiben in ihren Brutgebieten, vor allem in milden Wintern. Die Bürzeldrüse des Graureihers ist sehr klein. Aber er hat Puderfedern an Brust und Bauch, die in ein fetthaltiges Puder zerfallen. Mit diesem Puder, den der Reiher über seinen Körper verteilt, schützt sich der Vogel vor Nässe.
Reglos verharren Graureiher am Ufer von Gewässern, um dann blitzschnell mit ihrem Dolchschnabel auf Beute – hauptsächlich Fische – zu stoßen. Im Winter kann man Reiher auch auf Feldern bei der Mäusejagd beobachten.

Das Alpenschneehuhn

Das Alpenschneehuhn trägt im Sommer ein graubraun-weißes und im Winter ein rein weißes Federkleid. In der Schneelandschaft der Berge ist das Schneehuhn durch sein Tarnkleid kaum zu entdecken. Nur die äußeren Schwanzfedern sind schwarz. Und nur das Männchen hat den schwarzen Zügel und die rote Rose über dem Auge.
Alpenschneehühner leben bei eisigen Temperaturen in Höhen von etwa 1900 Metern und haben eine besondere Art, Schutz zu suchen. In nur 15 Sekunden können sie sich in den Schnee eingraben und in kleinen Höhlungen starke Kälte und Unwetter überstehen.
Die Federn an den Füßen vergrößern die Oberfläche, sodass der Vogel wie auf Schneeschuhen läuft und nicht so stark in den Schnee einsinkt.

Sommer

Winter

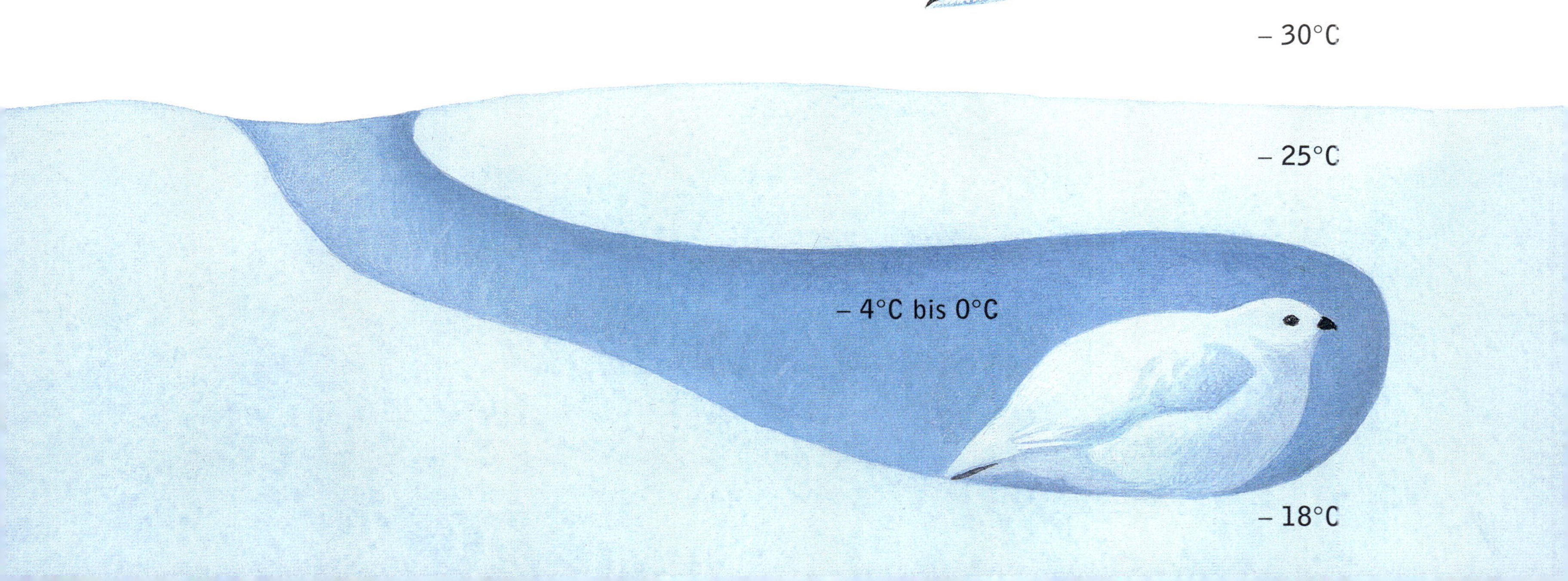

Der Eisvogel

Es ist ein besonderes Erlebnis, den prächtigen Eisvogel in winterlicher Landschaft zu beobachten. Meistens sieht man vom vorüberfliegenden Vogel nur den hellblauen Rückenstreif wie ein kurzes Aufleuchten.

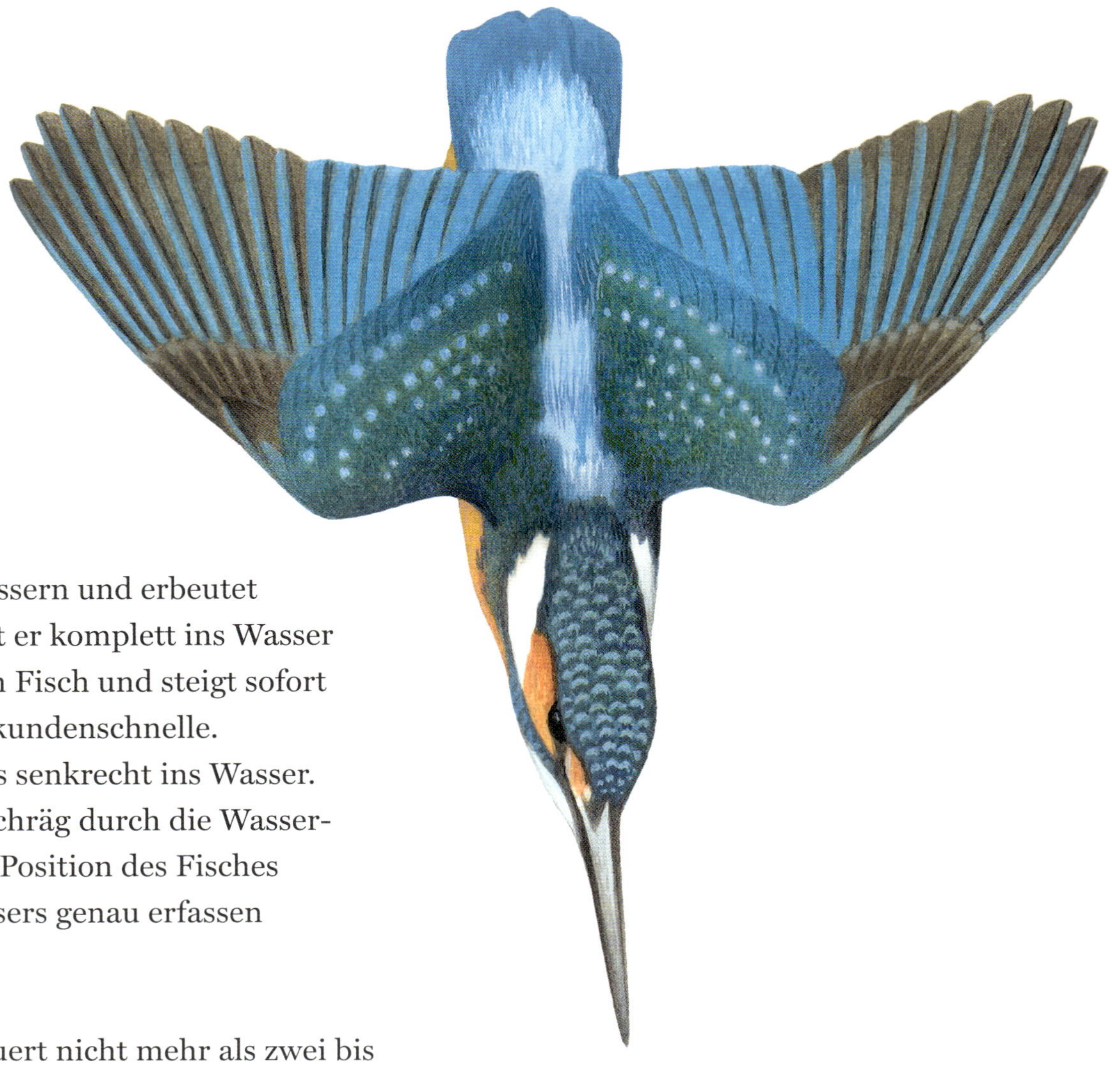

Dieser kleine Vogel lebt an Gewässern und erbeutet Fische im Sturzflug. Dabei taucht er komplett ins Wasser ein, ergreift den vorher erspähten Fisch und steigt sofort wieder auf. All das passiert in Sekundenschnelle. Jüngere Eisvögel stoßen meistens senkrecht ins Wasser. Erfahrenere Vögel stoßen auch schräg durch die Wasseroberfläche, weil sie die wirkliche Position des Fisches trotz der Lichtbrechung des Wassers genau erfassen können.

Der ganze Tauchvorgang dauert nicht mehr als zwei bis drei Sekunden. Der Eisvogel pflegt sein Gefieder mit großer Sorgfalt. Es muss immer wieder trocknen, anderenfalls kann der Vogel ertrinken.

Der etwa 16 bis 18 Zentimeter große und bis 80 Gramm schwere Eisvogel erbeutet kleine Fische, vor allem Stichlinge, Groppen, Elritzen und junge Forellen. Die Beute wird gegen einen Ast geschlagen, um sie zu töten oder zu betäuben, im Schnabel gewendet und dann mit dem Kopf voran im Ganzen verschlungen.

Unverdauliche Teile seiner Beute wie Gräten und Schuppen speit der Vogel als helle Gewölle wieder aus.

Der korallenrote Fuß ist ein reiner Haltefuß. Die Zehen sind zum Teil zusammengewachsen.

Der Eisvogel ist auf offene Gewässer angewiesen. In strengen Wintern, wenn viele Gewässer zufrieren, streift er auf der Suche nach offenem Wasser umher. In besonders harten Wintern kann es zu großen Verlusten unter den Vögeln kommen.

Das Wintergoldhähnchen

Wintergoldhähnchen sind noch vor dem Zaunkönig die kleinsten Vögel Mitteleuropas. Leise zirpend suchen sie weit oben in Nadelbäumen nach winzigen Insekten und deren Eiern, die sie dort auch im Winter finden. Oft streifen Goldhähnchen im Verbund mit Meisen durch den Winterwald.

Der Fichtenkreuzschnabel

Als einer von ganz wenigen Vögeln brütet der Kreuzschnabel selbst bei tiefsten Temperaturen. Mit seinem starken, gebogenen Schnabel kann der Fichtenkreuzschnabel die Samen aus den Zapfen der Nadelbäume herauslösen. Da das Nahrungsangebot im Winter für ihn am größten ist, hat er seine Brutzeit in die kalte Jahreszeit verlegt.

Die Schwanzmeise

Schwanzmeisen wärmen sich im Winter, indem sie sich ganz dicht aneinanderkuscheln. Auch andere kleine Vögel wie Zaunkönige und Meisen verbringen die kalten Winternächte eng beisammen in Höhlen und Nestern.

Drosseln

Wacholder- und Rotdrossel ziehen in kalten Wintern oft aus den nördlicheren Gebieten Europas weiter nach Süden. Auf der Suche nach Nahrung fliegen sie häufig in großen Scharen umher. Dabei haben sie es auf Wildbeeren wie Mistel, Wacholder, Schlehen und Hagebutten abgesehen. Auch altes Fallobst ist willkommene Nahrung.

Mistel

Wacholderdrossel

Rotdrossel

Hagebutte

Am Futterhäuschen

Am Futterhäuschen sammelt sich eine bunte Schar von Vögeln. Bei dieser Gelegenheit kann man sie gut beobachten.

Buchfink
Kleiber
Amsel
Rotkehlchen
Grünfink
Türkentaube

Wintergäste

Einige Vogelarten weichen dem harten Winter in Nord- und Osteuropa aus und kommen zu uns in das vergleichsweise mäßig kalte Mitteleuropa. Selbst weite Strecken können sie in kurzer Zeit fliegend zurückzulegen. Auffallend sind die nordischen Saatkrähen, die zusätzlich zu den einheimischen Krähen und den Dohlen große Schwärme bilden. Das mildere Klima und die Mülldeponien an den Stadträndern und bereits mit Wintergetreide bestellte Felder bieten ideale Lebensbedingungen mit ausreichend Nahrung.

Dohle

Saatkrähe

Nebelkrähe

Rabenkrähe

Im Gegensatz zu den Saatkrähen, die aus dem Norden einfliegen, sind Nebelkrähe und Rabenkrähe bei uns Standvögel.

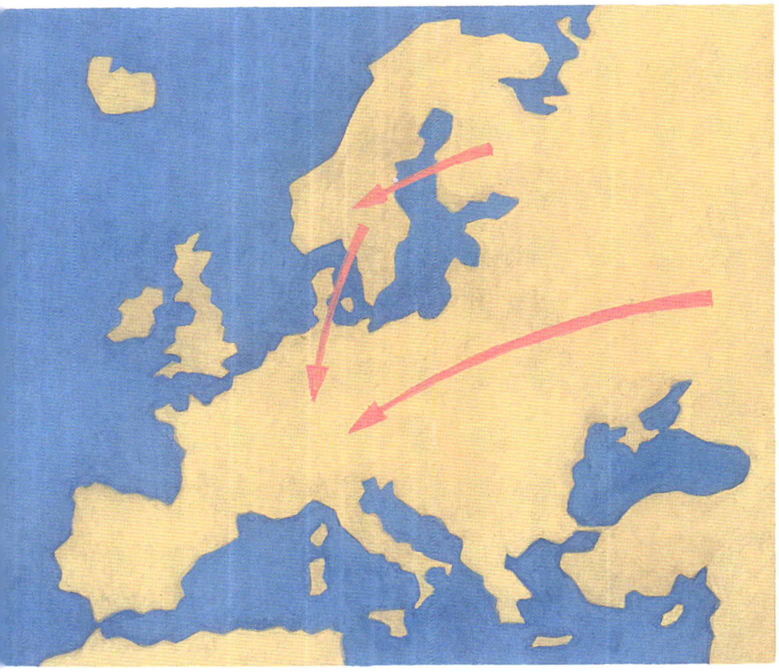

Die Wintergäste kommen in unregelmäßigen Abständen zu uns. Dabei kann ihre Anzahl von Jahr zu Jahr stark schwanken, je nach den Witterungsverhältnissen in ihrer nordischen Heimat. In strengen Wintern treten manche Vogelarten wie Seidenschwanz, Zeisig oder Bergfink in riesigen Schwärmen auf.

Tannenhäher
Seidenschwanz
Bergfink
Ringdrossel

Der Sperber

Auch nordische Sperber, die man leicht mit unseren einheimischen Sperbern verwechseln kann, wandern im Winter ein. Als man noch nichts über den Vogelzug wusste, glaubte man, der Kuckuck würde sich im Winter in den Sperber verwandeln. Denn einerseits nahm man den Sperber im Winter häufiger wahr, andererseits hatte sich der Kuckuck als Zugvogel auf den Weg nach Süden gemacht. Beide Vogelarten sehen sich tatsächlich ähnlich.
Wenn man eine Ansammlung von Federn kleiner Vögel findet, kann man ziemlich sicher sein, dass sie Beute eines Sperbers geworden sind.

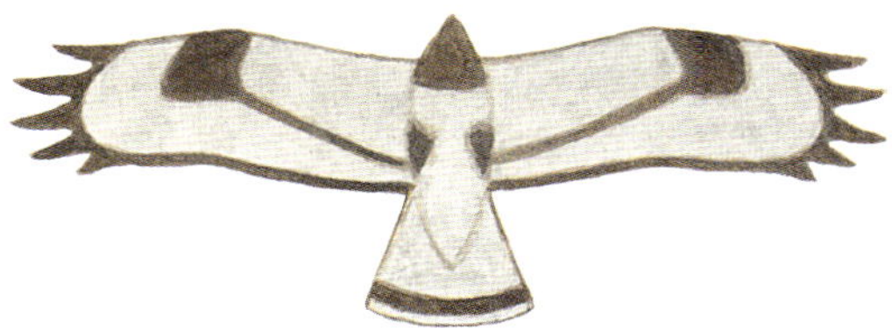

Raufußbussard

Mäusebussard

Der Merlin

Der Merlin, der kleinste europäische Falke, kommt als Wintergast aus Skandinavien nach Mitteleuropa.

Berglemming

Der Raufußbussard

Der Raufußbussard ist eigentlich ein Bewohner der baum- und strauchlosen nordischen Tundra. Er ist etwas größer als der heimische Mäusebussard, hat befiederte Beine und erinnert insgesamt an einen Adler. Mit ein wenig Glück kann man ihn auf winterlichen Feldern bei seiner Jagd nach Mäusen beobachten. Oft sieht man ihn rüttelnd, das heißt flügelschlagend auf einer Stelle in der Luft stehen. Dann hat er gerade eine Beute erspäht. Seine Hauptnahrung im Norden sind Lemminge.

Feldmaus

Es taut

Anfang März verliert der Winter an Kraft. Der herannahende Frühling ist deutlich zu spüren. Von Tag zu Tag scheint die Sonne länger. Kiebitze gehören zu den ersten Frühlingsboten. Sie kommen aus ihren Winterquartieren in Südeuropa zurück. Die Wildgänse und Kraniche ziehen wieder in ihre Brutgebiete im Norden. Und der Rotmilan hat, kaum aus dem Süden zurückgekehrt, bereits sein altes Brutrevier übernommen. Die Rehe tragen zwar noch ihr graues dichtes Winterfell, aber schon bald werden sie sich wieder in ihrem leuchtend rotbraunen Sommerkleid zeigen.
Die Winterschläfer werden langsam wach, wie nun überhaupt ein großes Erwachen in der Natur einsetzt. Die ersten Knospen brechen auf. Ein zartes Grün überzieht die Landschaft. Endlich ist die harte Zeit des Winters vorüber.
Der Frühling ist gekommen!

Was wir für die Tiere im Winter tun können

Tiere sind mit all ihren Strategien gegen Kälte und Nahrungsknappheit für den Winter gut gerüstet. Im Grunde brauchen sie unsere Hilfe nicht. Selbst in sehr harten Wintern, in denen ein Teil von ihnen nicht überlebt, sorgt die Natur für Ausgleich: In den folgenden Jahren gibt es dann stets deutlich mehr Jungtiere.
Auch eine Wildtierfütterung im Wald ist nur sehr selten nötig. Sie dient weniger den Tieren, sondern eher den Jagdpächtern, um den von ihnen gewünschten, aber oft zu dichten Wildbestand zu erhalten. Damit eine Tierart gesund und widerstandsfähig bleibt, gehört auch das Sterben schwacher und kranker Tiere im Winter dazu.
Die Futterhäuschen am Haus oder im Garten bieten uns eine gute Gelegenheit, auch seltenere Vögel zu beobachten. Sie würden den Winter wohl auch ohne unsere Hilfe überstehen, aber ein wenig Unterstützung können die Vögel gut gebrauchen.
Allerdings können wir sehr wohl etwas für die Tiere im Winter tun – wenn auch indirekt.
Unsere Landschaft verödet immer mehr. Alles wird immer „sauberer“ und „aufgeräumter“. Viele Tiere finden unter diesen Umständen nur schwer einen Ort, an dem sie geschützt den Winter überstehen. Dabei können wir ihnen eine große Hilfe sein! Wer das Glück hat, einen Garten zu besitzen, kann dort viel tun. Einheimische Bäume und Sträucher sind für unsere Tiere viel wertvoller als exotische Gewächse aus dem Gartencenter, denn nur sie bieten die Lebensbedingungen, die unsere Insekten und Vögel brauchen. „Unordentliche“ Bereiche im Garten sind nicht nur im Winter perfekte Zufluchtsorte. Laub- und Komposthaufen, die im Herbst unangetastet bleiben, sind ein wahres Paradies für Tiere aller Art – vom Regenwurm bis zum Igel. Alte Bäume mit Höhlen und lockerer Rinde bieten Unterschlupf für Kleinsäuger und Vögel. Außerdem sind sie natürliche Insektenhotels. Alte Schuppen sind nicht nur malerisch, sondern auch Zufluchtsorte für kleine und größere Tiere.
Am Haus kann man Fledermauskästen anbringen, in den Obstbäumen Nistkästen für Vögel. Auf dem Dachboden finden sich vielleicht Fledermäuse und Bilche ein, die durch kleine Ritzen dorthin gelangen.
Wer mit etwas Wissen, offenen Augen und weitem Herzen durch Haus, Hof und Garten geht, findet hundert Möglichkeiten, etwas für Tiere zu tun.

Wo Tiere Unterschlupf finden

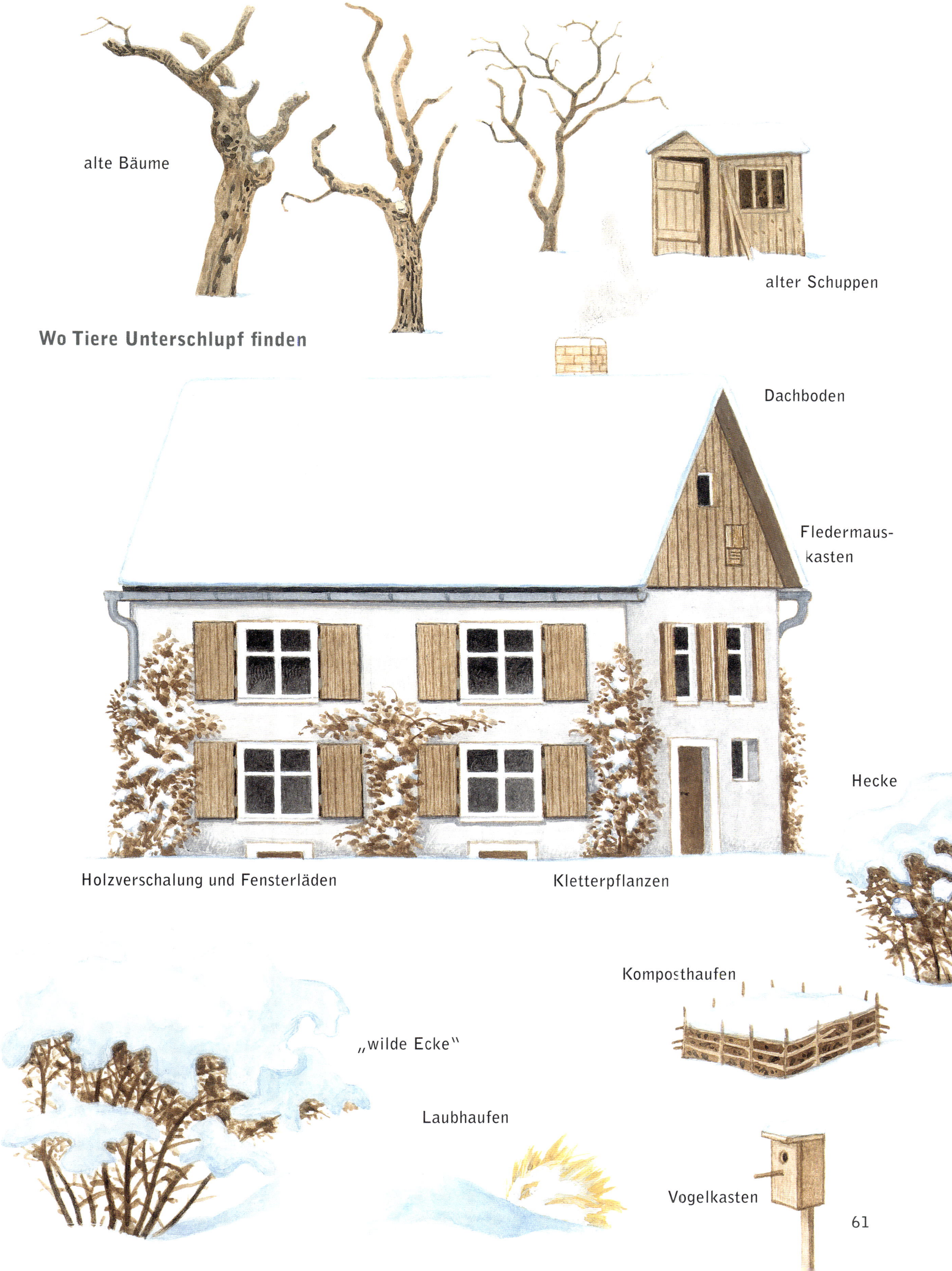

Register

Alpenmurmeltier 25
Alpenschneehuhn 45
Amsel 51

Baummarder 14
Baumschläfer 23
Bergfink 54, 55
Berghänfling 54
Berglemming 57
Bienen 29
Bilche 23, 60
Birkenzeisig 54
Blässhuhn 43
Blaumeise 50
Braunbär 26-27
Buchfink 51
Buntspecht 36, 39

Dachs 24
Dohle 52
Drosseln 49, 54, 55

Eichelhäher 38
Eichhörnchen 14, 22
Eidechsen 32, 33
Eisvogel 46-47
Erlenzeisig 54
Eule 31, 39

Fasan 8, 40
Feldhamster 24
Feldhase 9, 17, 18, 40
Feldmaus 31, 57
Feldsperling 50
Fellwechsel 10, 17, 19
Feuersalamander 33
Fichtenkreuzschnabel 48
Fink 51
Fische 34, 46, 47
Fischotter 16
Fledermäuse 29, 60
Frösche 34
Fuchs 9, 18, 31

Gämse 11
Gartenschläfer 23
Gimpel 50
Goldammer 36
Graureiher 44
Grünfink 51

Habicht 40
Haselmaus 23
Haussperling 36, 50
Hermelin 19

Igel 28, 60
Insekten 22, 29, 30, 39, 48, 60

Kernbeißer 50
Kiebitz 58
Kleiber 51
Kohlmeise 50
Kormoran 43
Krähen 41, 52, 53
Kreuzotter 32, 33
Kröten 33

Luchs 15, 17

Marienkäfer 29
Maulwurf 30
Maus 14, 18, 21, 23, 30, 39, 41, 44, 57
Mäusebussard 41, 57
Meisen 48, 50, 54
Merlin 57

Nebelkrähe 53

Rabenkrähe 53
Raufußbussard 57
Rebhuhn 8
Reh 8, 10, 11, 15, 58
Reptilien 32
Ringdrossel 54
Ringelnatter 32
Rotdrossel 49
Rothirsch 9, 12-13, 21
Rotkehlchen 38, 51
Rotmilan 58

Saatkrähe 52, 53
Schläfer 23
Schlangen 32, 33
Schleie 34
Schleiereule 39
Schlingnatter 33
Schnecken 31
Schneehase 17
Schwanzmeise 48, 54
Seehund 16
Seidenschwanz 54, 55
Siebenschläfer 23
Sperber 56
Sperlinge 36, 40, 50
Standvögel 36, 53
Star 36
Steinadler 17
Steinmarder 14
Stieglitz 36, 37
Stockente 43
Strichvögel 36
Sumpfmeise 50

Tannenhäher 55
Teichhuhn 43
Türkentaube 51
Turmfalke 41

Wacholderdrossel 49
Wanderfalke 41
Wasservögel 42, 43
Wildgans 58
Wildkatze 8, 15
Wildschwein 8, 30
Winterfell 10, 11, 15, 16, 17, 18, 21, 58
Wintergäste 52-55, 57
Wintergoldhähnchen 48
Winterquartier 27, 29, 32, 44, 58
Winterruhe 12, 22, 24, 26, 27, 30, 31
Winterschlaf 22, 23, 25, 28, 58
Winterspeck 10, 17, 23, 24, 26, 28, 34
Winterstarre 22, 32, 34
Wolf 20-21

Zaunkönig 36, 48
Zeisige 54
Zugvögel 4, 36

Außerdem sind von Thomas Müller bei Gerstenberg erschienen:

Ein Jahr mit den Schwalben
ISBN 978-3-8369-5452-5

Ein Jahr mit den Spatzen
ISBN 978-3-8369-5716-8

Ein Jahr mit den Eulen
ISBN 978-3-8369-5783-0

Ein Jahr mit den Störchen
ISBN 978-3-8369-5822-6

Ein Jahr mit den Buntspechten
ISBN 978-3-8369-5917-9

Ein Jahr mit den Kranichen
ISBN 978-3-8369-6046-5

Eule, Fuchs und Fledermaus – Tiere der Nacht
ISBN 978-3-8369-5838-7

Schneehuhn, Reh und Haselmaus – Tiere im Winter
ISBN 978-3-8369-5935-3

Wo leben die Tiere unserer Welt?
ISBN 978-3-8369-5986-5

Die wunderbare Welt der Eiche
ISBN 978-3-8369-5680-2

Hamster, Storch und Schwalbenschwanz – Tiere in Feld und Flur
ISBN 978-3-8369-6150-9

Memo Tiere unserer Welt
EAN 4250 9159 3175 3

4. Auflage 2024

Text und Illustration: Thomas Müller, Leipzig
Fachliche Durchsicht: Jorunn Wissmann, Binnen
Litho: Schwab Scantechnik, Göttingen

Druck: Livonia Print, Riga
Printed in Latvia
ISBN 978-3-8369-5935-3

PRODUZIERT IN DER EUROPÄISCHEN UNION